Jibanyan

Felisonte

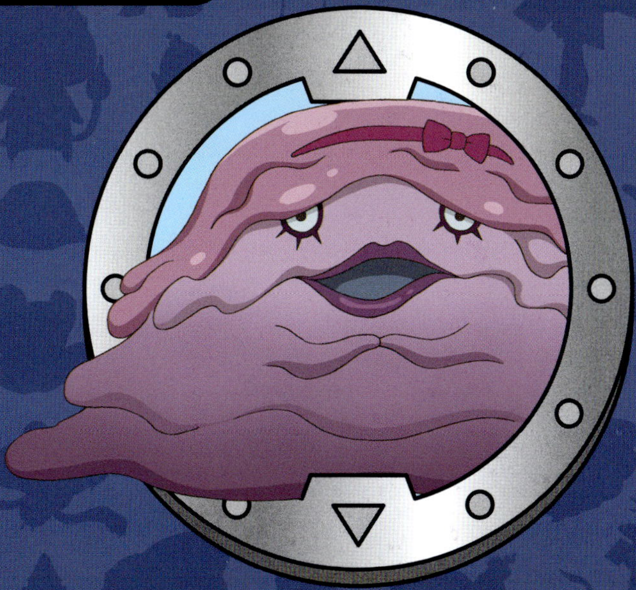

Negatalia

Adaptación de Nathelie Lescaille Moulènes a partir de episodio 1
de la serie de televisión Yo-kai Watch. Publicado originalmente por
Les Livres du Dragon d'Or.

Avda. Diagonal, 662-664, 08034 Barcelona (España)
www.planetadelibrosinfantilyjuvenil.com
www.planetadelibros.com
Primera edición: noviembre de 2016
ISBN: 978-84-08-16323-7
Depósito legal: B. 20.191-2016
Impreso en España

YO-KAI WATCH®

¿QUIÉNES SON ESTOS YO-KAI?

Planeta Junior

Nathan está en el bosque cazando insectos con su red. Tiene la esperanza de encontrar un hermoso ejemplar de escarabajo para impresionar a **Katie**, la chica que le gusta en secreto. De repente, ve una extraña máquina a los pies de un árbol. ¡Es una máquina de cápsulas con juguetes!

—¿Qué hace aquí? —se pregunta Nathan.
Intrigado, mete una moneda en la máquina y cae una cápsula. ¿Qué puede contener? Nathan comienza a abrirla y un remolino brillante sale de la ella.
¡Increíble!

Del remolino sale un fantasma sonriente.
—Mi nombre es Whisper —dice con orgullo—. **¡Soy un Yo-kai!**
—¿Un Yo-kai? Nunca lo había oído —responde Nathan.
—Los Yo-kai somos seres misteriosos que provocamos sucesos extraños —aclara el fantasma.

Pero Nathan ya se está alejando.
—¿A dónde vas? —se indigna Whisper—. ¡Vuelve!
—Déjame en paz —suelta Nathan enfadado—. Vine aquí para capturar un insecto, no para encontrar una **máquina de juguetitos** con un fantasma pelma en su interior.

De camino a casa, Nathan sigue quejándose.
—Sólo buscaba un insecto interesante, y ahora tengo a este friqui siguiéndome a todas partes...
—**¿Friqui?** —repite ofendido el fantasma.
—No puedes venir conmigo —asegura Nathan—. Mis padres no quieren mascotas en casa.

—No soy una mascota, ¡soy un Yo-kai! ¿Tus padres tienen reglas contra los Yo-kai?

—Creo que no.

—**Entonces, ¡me acoplo!** —dice con alegría—. Tranqui, tú eres el único que puede verme.

Al cabo de un rato, Nathan entra en casa.
—¡Hola, soy yo! —anuncia.
Nadie responde. Sus padres están discutiendo en el salón.
—¡Te has comido el último yogur! —grita su madre—.
¡Era mi favorito!
—Yo también tengo derecho a comer —responde su padre, furioso.

Nathan está preocupado.
—Increíble, ¡¿se pelean por un yogur?!
Whisper mira hacia el salón.
—Lo sabía: **es por ella.**
Nathan no sabe de lo que habla. De repente, el fantasma le da un reloj.
—Para verla, **¡ponte esto!**

Nathan se pone el reloj en la muñeca.
—Es el **Yo-kai Watch** —le explica Whisper—. ¡Te permite ver a los Yo-kai! Podrás hacer que tus padres dejen de discutir —promete el fantasma.

Primero, Nathan debe levantar la tapa del reloj. De repente, comienza a brillar una potente luz azul.

—Ahora, apunta a tus padres —dice el fantasma.

Bajo la luz, aparece una criatura viscosa de color morado.

—**¡Qué asco!** —exclama Nathan—. ¿Qué es eso?

—Es **Negatalia** —responde Whisper—. Una Yo-kai que provoca peleas entre la gente.
—¿Y qué puedo hacer? —pregunta Nathan, preocupado.
—Hay dos formas de eliminar a un Yo-kai —responde Whisper—. **Enfrentándose** a él o **negociando**.

Nathan decide negociar.

—Por favor, señora, si no le importa, ¿podría dejar en paz a mis padres?

—**Lo siento, pero no tengo casa** —responde Negatalia con voz triste—. Me he peleado con mi marido y me he marchado dando un portazo.

En ese momento, Whisper llega acompañado de alguien. Es **Felisonte**, ¡el marido de Negatalia!

—¡Querida! ¡Siento muchísimo que nos peleáramos! —se disculpa—. ¿Nos vamos a casa?
—Sí, quiero salir de aquí, ¡rápido!
Una vez que los dos Yo-kai se reconcilian, la discusión de los padres de Nathan desaparece ¡de **inmediato**!

En su habitación, Nathan se recupera de todas las emociones, mientras Whisper continúa su explicación.
—Los Yo-kai vivimos en una dimensión paralela al mundo humano pero, a menudo, algunos vienen a causar problemas. ¡Como hoy! Nadie puede vernos, excepto **tú**.

Al día siguiente, Nathan y Whisper salen a dar una vuelta por la ciudad.

—Dicen que pasan cosas raras en este cruce —comenta Nathan—. Coches que están a punto de atropellar a algún peatón, pero que frenan justo a tiempo.

—¡Esto tiene que ser cosa de un Yo-kai! —sospecha Whisper.

Para poder ver a la criatura, Nathan activa su Yo-kai Watch. Ilumina la acera con su haz de luz. De pronto, una inquietante silueta negra emerge delante de una tienda. Nathan y Whisper se sorprenden.

—**¡Ahí está!**

¡La sombra es un lindo gato!

—Su nombre es **Jibanyan** —indica Whisper.

En ese momento, un hombre comienza a cruzar. Jibanyan salta sobre él, transformando al individuo en una criatura, mitad hombre, mitad gato, y haciéndole bailar en medio de la calle.

—**¡Cuidado!** —gritan Nathan y Whisper al ver que se aproxima un camión. El vehículo frena y se evita el accidente. De pronto, Jibanyan abandona el cuerpo del hombre y salta sobre el camión.

—¡Camión tonto! —grita—. **¡Gatito furioso!**

Como el gato es invisible, el camionero arranca. Jibanyan sale disparado hacia el cielo y cae, deteniéndose en la acera.

—Este Yo-kai espirita a los transeúntes y provoca los accidentes —resume Whisper—. Elige, ¿**negociación** o **confrontación**?

Nathan decide hablar con Jibanyan.
—¿Por qué siembras el caos en este cruce?
—Cuando estaba vivo, mi dueña Alba cuidaba de mí, me mimaba mucho —recuerda el gato—. Un día, un camión me atropelló y **me convertí** en un Yo-kai.

El Yo-kai hablaba entre lágrimas.

—Después de eso, nunca volví a ver a Alba. Por eso entreno cada día, para ser un gato que **pueda derrotar a cualquier vehículo.**

—Pero no puedes espiritar a la gente —dice Nathan—.
¡Es peligroso!
—No me gusta estar solo —se queja Jibanyan—. No tengo a Alba. Cuando estoy con alguien no siento miedo. Por eso espirito a las personas que cruzan.

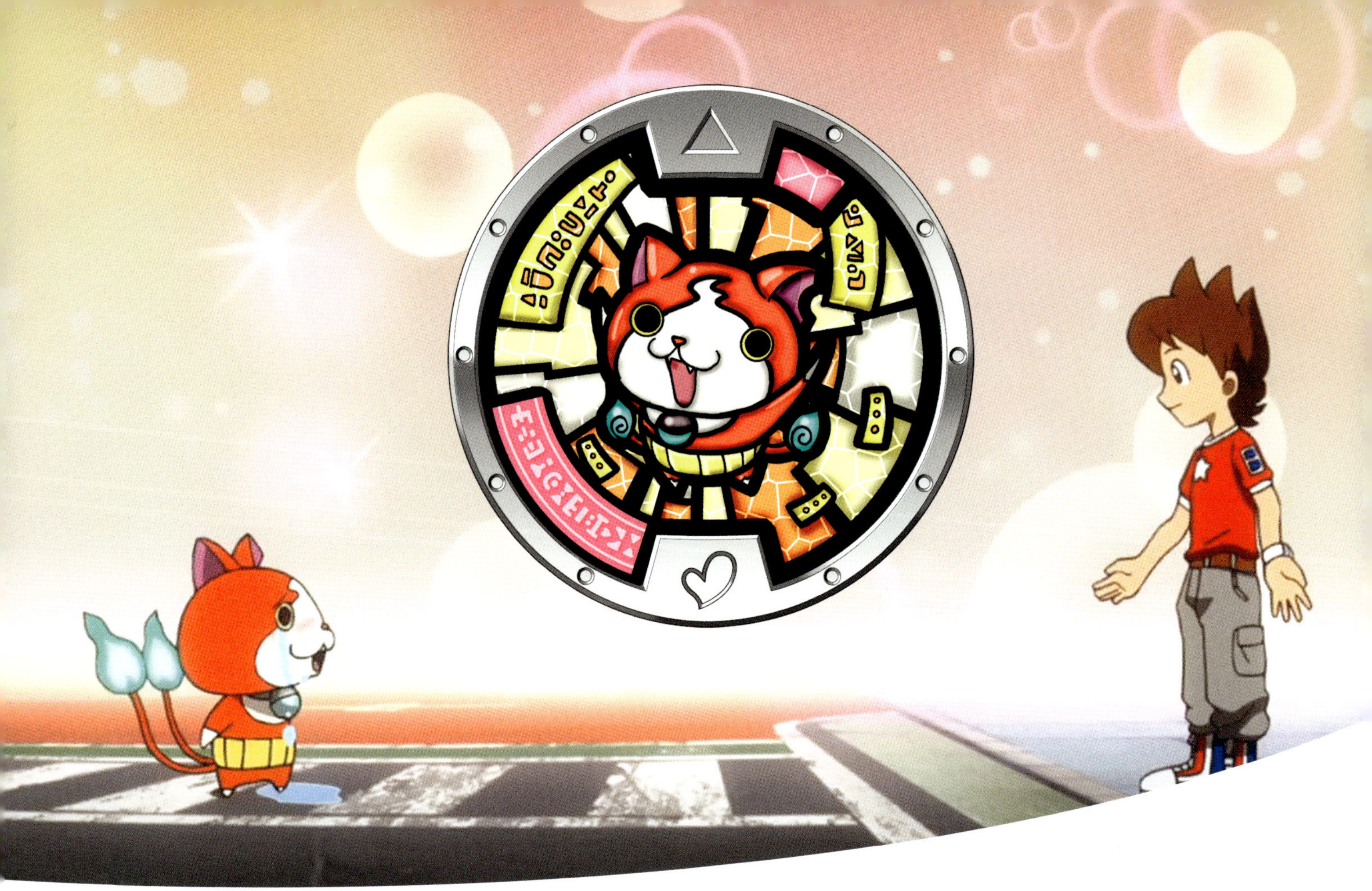

Nathan consuela a Jibanyan.
—Encontrarás a Alba. Estoy seguro. Mientras, ¡podríamos ser buenos amigos!
Conmovido, el gato entrega a Nathan su **primera medalla Yo-kai**. Si necesita ayuda, puede ponerla en su Yo-kai Watch y él aparecerá de repente.
Ahora, Nathan y Jibanyan son amigos para siempre.

FIN

Nathan

Whisper